WEIHNACHTSPLÄTZCHEN

– für Kalorienbewusste

Himmlisch leicht und verführerisch lecker sind unsere Plätzchen, die dem »Hüftgold« keine Chance bieten. Der Trick: Die üblichen Verdächtigen – Fett, Zucker, weißes Mehl, Butter – werden reduziert oder durch andere, kalorienärmere Zutaten ganz raffiniert ersetzt. Das ist das A und O der schlanken Weihnachtsbäckerei, und heraus kommen dabei Plätzchen, die köstlich schmecken und ganz einfach zu backen sind. Ob Bärentatzen, Vanillekipferl, Zimtsterne oder Orangenmonde, unsere Plätzchen versüßen Ihnen den Advent, und das schon ab 14 Kalorien pro Stück. Und noch ein Tipp vorweg: Lassen Sie die Plätzchen nach dem Backen gut auskühlen und füllen Sie sie dann erst in gut verschließbare Dosen.

BÄRENTATZEN

➤ **knusprig-schokoladig**

Diese Pfötchen schleichen sich in die Herzen von Schoko-Fans

Zutaten für etwa 40 Stück:

- *50 g Zartbitterschokolade*
- *50 g zarte Haferflocken*
- *60 g Puderzucker*
- *2 Eiweiße*
- *1 Prise Salz*
- *100 g gemahlene Mandeln*
- *1 TL Kakaopulver*
- *1 Prise Zimtpulver*
- ***Für die Dekoration:***
- *Mandelsplitter und 1 EL Zucker*

ZUBEREITUNG: 40 MIN.
BACKZEIT: 20 MIN.
BEI 40 STÜCK PRO STÜCK ETWA:
140 KJ/33 KCAL

1 Die Schokolade fein reiben. Die Haferflocken mit 1 EL Puderzucker vermischen und in einer Pfanne leicht anrösten und abkühlen lassen.

2 Die Eiweiße mit Salz steif schlagen, restlichen Puderzucker unterrühren und so lange schlagen, bis die Masse steif und glänzend ist. Schokolade-Haferflocken-Mischung, Mandeln, Kakaopulver und Zimt mischen und unter die Eiweißmasse heben.

3 Den Backofen auf 160° vorheizen. Das Backblech mit Backpapier belegen. Aus dem Teig mit feuchten Händen kleine Kugeln formen, auf das Blech legen und etwas flach drücken. Mit 3–4 Mandelsplittern jeweils die Krallen formen. Die Bärentatzen mit Zucker bestreuen.

4 Die Bärentatzen im Ofen (Mitte, Umluft 140°) etwa 20 Min. backen. Herausnehmen und auskühlen lassen.

ORANGENMONDE

➤ **einfach himmlisch**

Ein Hauch von Orient – Orangen, Mandeln, Pistazien...

Zutaten für etwa 50 Stück:

- *1 unbehandelte Orange*
- *2 Eiweiße*
- *1 Prise Salz*
- *150 g Zucker*
- *250 g gemahlene Mandeln*
- *2 EL Speisestärke*
- ***Für die Glasur:***
- *125 g Puderzucker*
- *2–3 EL Orangensaft*

ZUBEREITUNGSZEIT: 45 MIN.
KÜHLZEIT: 1 STD.
BACKZEIT: 15 MIN.
BEI 50 STÜCK PRO STÜCK ETWA: 210 KJ/50 KCAL

1 Die Orange heiß abwaschen und trockentupfen. Die Schale abreiben, den Saft auspressen. Die Eiweiße mit Salz sehr steif schlagen. 2 TL abgeriebene Orangenschale und 1 EL Orangensaft dazugeben und kurz mit schlagen. Zucker, Mandeln und Speisestärke mischen und mit dem Eiweiß zu einem glatten, formbaren Teig verkneten. In Folie wickeln und 1 Std. kühl stellen.

2 Den Backofen auf 160° vorheizen. Das Backblech mit Backpapier belegen. Den Teig zwischen Klarsichtfolie 3–4 mm dick ausrollen, Halbmonde ausstechen und auf das Blech legen. Im Ofen (Mitte, Umluft 140°) 15 Min. backen. Herausnehmen und mit dem Papier vom Blech ziehen und abkühlen lassen.

3 Puderzucker mit Orangensaft zu einem dickflüssigen Guss verrühren. Die Monde damit bestreichen und trocknen lassen.

!

TIPPS: Falls der Teig zu klebrig ist, gemahlene Mandeln oder Speisestärke dazugeben. Die Ausstechform immer wieder in Zucker oder heißes Wasser tauchen, damit der Teig nicht daran kleben bleibt.

VARIANTE: Orangen-Pistazienstangen

Den fertigen Teig kühl stellen. Zwischen Klarsichtfolie 3–4 mm dick ausrollen und mit Teigrädchen oder Messer etwa 5 cm lange, fingerbreite Stangen schneiden. Auf ein mit Backpapier belegtes Blech legen und im Ofen bei 160° 15 Min. backen. 125 g Puderzucker mit 3–4 EL Orangensaft glatt rühren, Stangen damit bestreichen und mit 40 g gehackten Pistazien bestreuen.

STERNKEKSE

➤ **fruchtig**

Holen Sie doch mal für Ihre Lieben die Sterne vom Himmel …

Zutaten für etwa 50 Stück:

- *75 g weiche Butter*
- *125 g Zucker*
- *1 Pck. Vanillezucker*
- *1 Ei • 2 EL Milch*
- *1/4 TL Kardamompulver*
- *1 TL abgeriebene Schale einer unbehandelten Orange*
- *275 g Mehl • 1 TL Backpulver*
- *Mehl für die Arbeitsfläche*
- ***Für die Dekoration:***
- *1 TL Orangenschale • 3 EL Zucker*

ZUBEREITUNGSZEIT: 45 MIN.
KÜHLZEIT: 30 MIN.
BACKZEIT: 12 MIN.
BEI 50 STÜCK PRO STÜCK ETWA:
176 KJ/42 KCAL

1 Butter cremig rühren, Zucker, Vanillezucker, Ei, Milch, Kardamompulver und Orangenschale hinzufügen und zu einer glatten, cremigen Masse verrühren. Das Mehl mit Backpulver mischen und rasch unterkneten. Den Teig in Klarsichtfolie wickeln und 30 Min. kühl stellen.

2 Den Backofen auf 175° vorheizen. Das Backblech mit Backpapier belegen. Den Teig auf bemehlter Arbeitsfläche 4–5mm dick ausrollen. Sterne ausstechen und auf das Blech legen.

3 Die Plätzchen im Ofen (Mitte, Umluft 160°) 12 Min. backen. Abgeriebene Orangenschale mit dem Zucker mischen, die noch heißen Plätzchen darin wenden und abkühlen lassen.

! **VARIANTE: Schoko-Ingwersterne**

75 g Butter mit 125 g Zucker, 1 Ei und 2 EL Milch glatt rühren. 1 TL Ingwerpulver und 1 EL Kakaopulver unterrühren. 275 g Mehl mit 1 TL Backpulver mischen und rasch unterkneten. Teig in Klarsichtfolie wickeln und 30 Min. kühl stellen. Auf bemehlter Arbeitsfläche 3–4 mm dick ausrollen, Sterne ausstechen, auf ein mit Backpapier ausgelegtes Blech legen. Im Ofen bei 175° (Mitte, Umluft 160°) 12 Min. backen. Dünn mit Zitronenglasur bestreichen.

ANANAS-KOKOS-MAKRONEN

➤ **exotisch-leicht**

Zutaten für etwa 35 Stück:

- *50 g kandierte Ananasstücke*
- *2 Eiweiße • 1 Prise Salz*
- *100 g Zucker*
- *1 TL Speisestärke*
- *2 EL Kokoschips (20 g)*

ZUBEREITUNGSZEIT: 30 MIN.
BACKZEIT: 30–40 MIN.
TROCKENZEIT: 1 STD.
BEI 35 STÜCK PRO STÜCK ETWA:
76 KJ/18 KCAL

1 Den Backofen auf 140° vorheizen. Das Backblech mit Backpapier belegen. Kandierte Ananas winzig klein würfeln.

2 Eiweiße mit Salz und 70 g Zucker im Wasserbad steif schlagen, bis die Masse schön glänzt. Restlichen Zucker, Ananas, Stärke und Kokoschips mischen und unter die Eiweißmasse ziehen. Mit zwei Teelöffeln kleine Häufchen auf das Blech setzen.

3 Im Ofen (unten, Umluft 120°) 30–40 Min. backen, im abgeschalteten Ofen bei leicht geöffneter Tür 1 Std. trocknen lassen. Erkaltete Makronen in Blechdosen aufbewahren.

SCHOKO-MAKRONEN

➤ **luftig-zart**

Zutaten für etwa 35 Stück:

- *2 Eiweiße*
- *1 Prise Salz*
- *100 g Zucker*
- *3 TL Schokoladenpulver*
- *1 TL Speisestärke*

ZUBEREITUNGSZEIT: 20 MIN.
BACKZEIT: 30–40 MIN.
TROCKENZEIT: 1 STD.
BEI 35 STÜCK PRO STÜCK ETWA:
55 KJ/13 KCAL

1 Den Backofen auf 140° vorheizen. Das Backblech mit Backpapier belegen. Die Eiweiße mit Salz und 70 g Zucker im warmen Wasserbad steif schlagen.

2 Restlichen Zucker, Schokoladenpulver und Speisestärke mischen und mit einem Löffel oder Gummischaber vorsichtig unter die Eiweißmasse ziehen. Mit zwei Teelöffeln kleine Teighäufchen auf das Backblech setzen.

3 Im Ofen (unten, Umluft 120°) 30–40 Min. backen. Im abgeschalteten Ofen bei leicht geöffneter Ofentür 1 Std. trocknen lassen. Erkaltete Makronen in Blechdosen füllen.

AUSSTECHERLE

➤ **würzig**

Ob Tannenbaum, Stern, Herz oder Engel – diese Plätzchen sind an Weihnachten ein Muss!

Zutaten für etwa 80 Stück:

- *250 g Rübensirup*
- *50 g brauner Zucker*
- *60 g Butter*
- *1 TL Lebkuchengewürz*
- *500 g Mehl*
- *1 Pck. Backpulver*
- *1 Ei*
- *Mehl für die Arbeitsfläche*
- ***Für die Verzierung:***
- *100 g Puderzucker*
- *2 EL lauwarme Milch*

ZUBEREITUNGSZEIT: 30 MIN.
KÜHLZEIT: 12 STD.
BACKZEIT: 8–10 MIN.
BEI 80 STÜCK PRO STÜCK ETWA:
181 KJ/43 KCAL

1 Den Rübensirup mit Zucker und Butter in einem Topf unter Rühren erhitzen, bis sich der Zucker gelöst hat. Lebkuchengewürz unterrühren.

2 Mehl mit Backpulver in einer Schüssel mischen. Abgekühlten Sirup dazugeben und mit dem Ei zu einem glatten Teig verkneten. Den Teig in Klarsichtfolie wickeln und über Nacht kühl stellen.

3 Den Backofen auf 175° vorheizen. Das Backblech mit Backpapier belegen. Den Teig auf bemehlter Arbeitsfläche dünn ausrollen. Mithilfe von Ausstechformen (Rentiere, Engel, Tannenbäume ...) Figuren ausstechen und auf das Blech legen.

4 Im Ofen (Mitte, Umluft 160°) 8–10 Min. backen. Mit dem Papier vom Blech ziehen und abkühlen lassen. Puderzucker mit Milch zu einem dickflüssigen Guss verrühren. Den Guss in einen kleinen Gefrierbeutel füllen. Mit einem Holzspießchen ein kleines Loch einstechen und die Konturen der Plätzchen mit Zuckerguss nachziehen und trocknen lassen.

ANISPLÄTZCHEN

➤ **weiße Verführung**

Zutaten für etwa 80 Stück:

- *3 Eier*
- *200 g feiner Zucker*
- *225 g Mehl*
- *1 EL Anissamen*
- *Fett und Mehl fürs Backblech*

ZUBEREITUNGSZEIT: 20 MIN.
RUHEZEIT: 12 STD.
BACKZEIT: 12–15 MIN.
BEI 80 STÜCK PRO STÜCK ETWA:
97 KJ/23 KCAL

1 Eier mit Zucker im warmen Wasserbad schaumig schlagen. Aus dem Wasserbad nehmen und so lange rühren, bis die Masse weiß-cremig ist. Das Mehl sieben und nach und nach unterheben. Den Anissamen grob hacken und unterheben.

2 Das Backblech einfetten und mit Mehl bestäuben. Mit zwei Teelöffeln kleine Häufchen auf das Blech setzen. Über Nacht in einem trockenen Raum ruhen lassen.

3 Den Backofen auf 150° vorheizen. Die Plätzchen im Ofen (Mitte, Umluft 130°) 12–15 Min. backen. Die Plätzchen sollten weiß und die »Füßchen« hellgelb sein.

SPRINGERLE

➤ **Klassiker**

Zutaten für etwa 30 Stück:

- *2 Eier • 250 g Puderzucker*
- *250 g Mehl • 1/2 TL Backpulver*
- *abgeriebene Schale von 1/2 unbehandelten Zitrone*
- *Mehl für die Arbeitsfläche*
- *Fett und 2 EL Anissamen fürs Backblech*

ZUBEREITUNGSZEIT: 40 MIN.
RUHEZEIT: 12 STD.
BACKZEIT: 25–30 MIN.
BEI 30 STÜCK PRO STÜCK ETWA:
210 KJ/50 KCAL

1 Eier mit Puderzucker weiß-schaumig rühren. Mehl mit Backpulver vermischen und mit der Zitronenschale unterheben und rasch zu einem glatten Teig verkneten, zugedeckt 30 Min. ruhen lassen.

2 Teig vierteln und nacheinander auf bemehlter Arbeitsfläche 1 cm dick ausrollen. Mit Mehl bestäubte Springerle-Model in den Teig drücken und ausschneiden. Blech einfetten, mit Anis bestreuen. Springerle auf dem Blech über Nacht ruhen lassen.

3 Den Backofen auf 150° vorheizen. Die Springerle im Ofen (unten, Umluft 130°) in 25–30 Min. hellgelb backen.

FLAMMENDE HERZEN

➤ **verführerisch**

Mit diesen buttrig-zarten Herzen lässt sich sogar das Christkind verführen

Zutaten für etwa 75 Stück:

- *125 g Butter*
- *75 g Puderzucker*
- *1 Pck. Zitronenzucker*
- *1 Ei*
- *250 g Mehl*
- *Mehl für die Arbeitsfläche*
- ***Für die Glasur:***
- *200 g Puderzucker*
- *2 EL Zitronensaft*
- *1 Tropfen rote Speisefarbe*

ZUBEREITUNGSZEIT: 55 MIN.
KÜHLZEIT: 1 STD.
BACKZEIT: 10 MIN.
BEI 75 STÜCK PRO STÜCK ETWA:
168 KJ/40 KCAL

1 Butter mit Puderzucker, Zitronenzucker und Ei cremig rühren. Das Mehl hinzufügen und rasch zu einem glatten Teig verkneten. Den Teig in Klarsichtfolie wickeln und 1 Std. kühl stellen.

2 Den Backofen auf 175° vorheizen. Das Backblech mit Backpapier belegen. Den Teig auf bemehlter Arbeitsfläche 3 mm dick ausrollen. Mithilfe einer Ausstechform Herzen ausstechen und aufs Blech legen. Im Ofen (Mitte, Umluft 160°) 10 Min. backen. Herausnehmen und mit dem Papier vom Blech ziehen. Abkühlen lassen.

3 Puderzucker mit Zitronensaft und 1 EL Wasser zu einem Guss verrühren. Ein Drittel des Gusses mit Speisefarbe rot färben. Die Herzen mit weißer Glasur glasieren. Mit einem Holzstäbchen mit roter Glasur Linien durchziehen und nach beiden Seiten flammenförmig auseinander ziehen.

! **TIPP:** Immer nur 6–8 Plätzchen mit weißer Glasur bestreichen, ganz leicht antrocknen lassen, mit der roten Glasur verzieren und dann erst die nächsten.

Baiser-Variationen

1 3 Eiweiße mit 1 Prise Salz in eine Schüssel geben. 150 g Zucker mit 1 TL Speisestärke mischen und dazugeben. Im heißen Wasserbad schlagen, bis der Eischnee schnittfest ist.

2 Die Baisermasse auf vier Schälchen verteilen. Mit jeweils 1 Tropfen Speisefarbe die Masse in drei der Schälchen rot, grün und gelb einfärben. Den Backofen auf 100° vorheizen.

3 Backblech mit Backpapier belegen. Die Massen nacheinander in Spritzbeutel füllen und aufs Blech spritzen (Tupfen, Herzen, Ringe). Nach Belieben mit Zuckerperlen bestreuen.

4 Im Ofen (unten, Umluft 80°) 2–3 Std. trocknen lassen. Den Ofen ausschalten. Bei leicht geöffneter Ofentür nachtrocknen lassen. Baisers in Dosen füllen, trocken und nicht zu kühl aufbewahren.

Frucht-Rollen

Zutaten für etwa 80 Stück:
100 g Früchte-Mix (Fertigprodukt) • 1 TL Rum • 80 g weiche Butter • 80 g Zucker • 8 EL Milch (1,5 % Fett) • 300 g Mehl • Bei 80 Stück je etwa: 126 kJ/30 kcal

Den Früchte-Mix fein hacken und mit dem Rum mischen. Butter mit Zucker und Milch verrühren. Mehl dazugeben und diese Mischung schnell zu einem Mürbeteig verkneten. Früchte-Mix unterkneten. Den Teig auf bemehlter Arbeitsfläche zu 4 Rollen formen. Die Rollen mit Klarsichtfolie abgedeckt 20 Min. kühl stellen. Backofen auf 175° vorheizen. Backblech mit Backpapier belegen. Jede Rolle in 20 Scheiben schneiden und diese aufs Backblech legen. Im Backofen (Mitte, Umluft 160°) 12–15 Min. backen. Die Frucht-Rollen herausnehmen und abkühlen lassen.

Zimtschnecken

Zutaten für etwa 50 Stück:
80 g weiche Butter • 130 g Zucker • 1 Pck. Vanillezucker • 8 EL Milch (1,5 % Fett) • 300 g Mehl • 2 Prisen Backpulver • 1 Eiweiß • 2 TL Zimtpulver
Bei 50 Stück je etwa: 189 kJ/45 kcal

Butter mit 80 g Zucker, Vanillezucker und Milch verrühren. Mehl mit Backpulver mischen und schnell unterkneten. Den Teig halbieren, auf bemehlter Arbeitsfläche zu einem Rechteck von 28 x 38 cm ausrollen und mit etwas Eiweiß bestreichen. Zimt und restlichen Zucker mischen und über den Teig streuen. Diesen vorsichtig aufrollen und 20 Min. kühl stellen. Backofen auf 175° vorheizen. Backblech mit Backpapier belegen. Jede Rolle in 25 Scheiben schneiden und diese aufs Blech legen. Im Ofen (Mitte, Umluft 160°) 12–15 Min. backen. Herausnehmen und abkühlen lassen.

SAFRANPLÄTZCHEN

➤ **mürbe Verlockung**

Zutaten für etwa 70 Stück:

- *4 EL Milch*
- *1 Döschen Safran (0,1 g)*
- *1 Zitrone • 150 g weiche Butter*
- *100 g Puderzucker*
- *2 Eier • 350 g Mehl*
- *50 g Vollmilchkuvertüre*

ZUBEREITUNGSZEIT: 45 MIN.
BACKZEIT: 15 MIN.
BEI 70 STÜCK PRO STÜCK ETWA:
193 KJ/46 KCAL

1 Milch erwärmen, Safran darin auflösen und beiseite stellen. Zitrone auspressen. Butter mit Puderzucker, Zitronensaft und Eiern cremig schlagen. Mehl und Safranmilch dazugeben, alles kurz verrühren.

2 Backofen auf 175° vorheizen. Backblech mit Backpapier belegen. Den Teig in einen Spritzbeutel mit großer Sterntülle geben. Ringe, Taler oder Stangen aufs Blech spritzen. Im Ofen (Mitte, Umluft 160°) 15 Min. backen. Abkühlen lassen.

3 Kuvertüre im Wasserbad erwärmen. Die Plätzchen in die Schokolade tauchen, auf ein Kuchengitter legen und trocknen lassen.

SCHOKOLADENSTANGEN

➤ **für Schoko-Freaks**

Zutaten für etwa 55 Stück:

- *150 g Zucker*
- *1 Päckchen Vanillezucker*
- *2 Eigelbe • 1 Ei*
- *125 g Speisestärke*
- *1 Pck. Schokoladen-Puddingpulver*
- *1 TL Kakaopulver*
- *30 g Kokosflocken*

ZUBEREITUNGSZEIT: 30 MIN.
BACKZEIT: 10 MIN.
BEI 55 STÜCK PRO STÜCK ETWA:
122 KJ/29 KCAL

1 Zucker, Vanillezucker, Eigelbe und Ei verrühren, bis sich der Zucker gelöst hat. Speisestärke, Pudding- und Kakaopulver unterrühren. Kokosflocken unterheben.

2 Den Backofen auf 175° vorheizen. Backblech mit Backpapier belegen. Den Teig in einen Spritzbeutel mit kleiner Lochtülle füllen und etwa 5 cm lange Stangen mit etwas Abstand auf das Blech spritzen. Im Ofen (Mitte, Umluft 160°) 10 Min. backen. Herausnehmen, mit einer Palette vom Blech heben und abkühlen lassen. Eventuell mit Kuvertüre verzieren.

KNUSPERPLÄTZCHEN

➤ fruchtig-kross

Gesunder Knusperspaß – fruchtig und nicht zu süß

Zutaten für etwa 50 Stück:

- *40 g Sonnenblumenkerne*
- *50 g getrocknete Aprikosen*
- *50 g getrocknete Cranberrys*
- *50 g Haferfleks*
- *80 g Butter*
- *125 g Rohrzucker*
- *1 Ei*
- *100 g Mehl*
- *50 g blütenzarte Haferflocken*

ZUBEREITUNGSZEIT: 20 MIN.
BACKZEIT: 10 MIN.
BEI 50 STÜCK PRO STÜCK ETWA:
193 KJ/46 KCAL

1 Die Sonnenblumenkerne in einer Pfanne leicht anrösten, abkühlen lassen und mit den getrockneten Aprikosen grob hacken, mit den getrockneten Cranberrys und Haferfleks mischen. Den Backofen auf 175° vorheizen. Das Backblech mit Backpapier belegen.

2 Die Butter mit Rohrzucker und Ei schaumig rühren. Das Mehl mit den Haferflocken mischen und unterrühren. Die Haferfleksmischung unterheben.

3 Mit zwei Teelöffeln kleine Teighäufchen auf das Blech setzen und im Ofen (Mitte, Umluft 160°) 10 Min. backen.

!

VARIANTE:
100 g Trockenfrüchte klein würfeln. 40 g Sonnenblumenkerne grob hacken. 50 g Rosinen waschen und trockentupfen. Früchte und Sonnenblumenkerne mit 50 g Dinkelfleks (Reformhaus) mischen. 80 g Butter mit 150 g Rohrzucker und 1 Ei schaumig rühren. 100 g Mehl und 50 g kernige Haferflocken untermischen. Die Dinkelfleksmischung unterheben. Mit zwei Teelöffeln kleine Häufchen auf ein mit Backpapier ausgelegtes Blech legen. Jeweils 1/2 Belegkirsche darauf setzen. Im Ofen bei 175° (Mitte, Umluft 160°) 10 Min. backen.

VANILLEKIPFERL

➤ **klassisch gut**

Unschlagbares Aromawunder – Butter, Vanille und Mandeln

Zutaten für etwa 70 Stück:

- *250 g Mehl*
- *100 g abgezogene, gemahlene Mandeln*
- *75 g Zucker*
- *150 g Butter*
- *2 Eigelbe*

Zum Wälzen:

- *2 Pck. Vanillezucker*
- *4 EL Puderzucker*

ZUBEREITUNGSZEIT: 1 STD.
KÜHLZEIT: 2 STD.
BACKZEIT: 12–15 MIN.
BEI 70 STÜCK PRO STÜCK ETWA:
193 KJ/46 KCAL

1 Das Mehl mit Mandeln und Zucker mischen und auf die Arbeitsfläche geben. Butter in Flöckchen untermischen und mit den Eigelben schnell zu einem glatten Teig verkneten. Den Teig halbieren, zu zwei gleich großen Rollen formen, in Klarsichtfolie wickeln und mindestens 2 Std. kühl stellen.

2 Den Backofen auf 175° vorheizen. Backblech mit Backpapier belegen. Jede Rolle portionsweise in 35 Stücke schneiden (Teig zwischendurch kühlen). Jedes Stück zuerst zur Kugel, danach zum kleinen Kipferl formen.

3 Die Kipferl auf das Blech legen. Im Ofen (Mitte, Umluft 160°) in 12–15 Min. hellgelb backen. Herausnehmen und mit dem Papier vom Blech ziehen. Vanillezucker mit Puderzucker mischen und die noch warmen Kipferl vorsichtig darin wenden.

HUSARENKRAPFEN

➤ zart & fruchtig

Der Himbeerklecks macht diese buttrig-zarten Plätzchen so unwiderstehlich

Zutaten für etwa 50 Stück:

- *150 g weiche Butter*
- *65 g Zucker*
- *1 Pck. Vanillezucker*
- *2 Eigelbe*
- *160 g Mehl*
- *100 g Himbeergelee*

ZUBEREITUNGSZEIT: 45 MIN.
KÜHLZEIT: 30 MIN.
BACKZEIT: 40 MIN.
BEI 50 STÜCK PRO STÜCK ETWA:
197 KJ/47 KCAL

1 Die Butter mit Zucker und Vanillezucker schaumig schlagen. Die Eigelbe unterrühren. Das Mehl hinzufügen und alles schnell zu einem glatten Teig verkneten. In Klarsichtfolie wickeln und 30 Min. kühl stellen.

2 Den Backofen auf 160° vorheizen. Das Backblech mit Backpapier belegen. Aus dem Teig kleine Kugeln formen. Mit einem Kochlöffelstiel jeweils in der Mitte eine kleine Mulde eindrücken und diese mit Gelee füllen.

3 Husarenkrapfen mit etwas Abstand nebeneinander auf das Blech setzen. Im Ofen (Mitte, Umluft 140°) in 40 Min. goldgelb backen. Die Husarenkrapfen herausnehmen und mit dem Papier vom Blech ziehen.

TIPP:
Anstatt Himbeergelee können Sie auch halbierte Belegkirschen nehmen.

NUSSRAUTEN

➤ **Nussknacker light**

Für etwa 80 Stück:

- *80 g weiche Butter • 160 g Zucker*
- *8 EL Milch (1,5 % Fett)*
- *1 TL abgeriebene Zitronenschale*
- *300 g Mehl • 1/4 TL Backpulver*
- *Mehl für die Arbeitsfläche*
- *2 Eiweiße • 1/4 TL Zimtpulver*
- *100 g gemahlene Haselnüsse*

ZUBEREITUNGSZEIT: 25 MIN.
BACKZEIT: 12–15 MIN.
BEI 80 STÜCK PRO STÜCK ETWA:
155 KJ/37 KCAL

1 Den Backofen auf 175° vorheizen. Das Backblech mit Backpapier auslegen. Butter mit 80 g Zucker und Milch schaumig rühren. Zitronenschale dazugeben. Mehl mit Backpulver mischen und unterkneten. Den Teig ausrollen und aufs Blech legen.

2 Eiweiße steif schlagen, restlichen Zucker und Zimt einrühren. Mit Haselnüssen vermischen, auf den Teig streichen. Mit einem Teigrädchen 4 cm breite Streifen schneiden und diese in 2,5 cm breite Rauten. Im Ofen (Mitte, Umluft 160°) 12–15 Min. backen. Herausnehmen und samt Papier vom Blech ziehen. Eventuell mit Puderzuckerglasur bestreichen.

LEBKUCHEN VOM BLECH

➤ **klassisch – würzig**

Zutaten für etwa 60 Stück:

- *100 g Butter*
- *3 EL Honig • 2 Eier*
- *300 ml Milch (1,5 % Fett)*
- *350 g Mehl*
- *1 Pck. Backpulver*
- *3 TL Lebkuchengewürz*
- *100 g blütenzarte Haferflocken*

ZUBEREITUNGSZEIT: 10 MIN.
BACKZEIT: 20 MIN.
BEI 60 STÜCK PRO STÜCK ETWA:
197 KJ/47 KCAL

1 Den Backofen auf 200° vorheizen. Das Backblech fetten. Butter mit Honig erwärmen. Leicht abgekühlt mit den Eiern und Milch schaumig schlagen. Mehl mit Backpulver, Lebkuchengewürz und Haferflocken dazugeben und gut verrühren.

2 Den Lebkuchenteig gleichmäßig auf das Backblech streichen. Im Ofen (Mitte, Umluft 180°) 20 Min. backen. Herausnehmen und noch warm in 3 x 3 cm große Quadrate schneiden. Eventuell mit halbierten Belegkirschen verzieren.

ZIMTSTERNE

➤ **klassisch**

Zimtaroma und zart schmelzendes Zuckerhäubchen machen diese Sterne so unwiderstehlich

Zutaten für etwa 70 Stück:

- *3 Eiweiße*
- *1 Prise Salz*
- *250 g Zucker*
- *1 EL Zimtpulver*
- *350 g fein gemahlene Mandeln*
- *1 TL Quittengelee*

ZUBEREITUNGSZEIT: 1 STD. 30 MIN.
BACKZEIT: 15 MIN.
BEI 70 STÜCK PRO STÜCK ETWA:
185 KJ/ 44 KCAL

1 Eiweiße mit Salz steif schlagen, Zucker unter ständigem Rühren nach und nach dazugeben und rühren, bis die Eiweißmasse fest ist und schön glänzt. Von der Eiweißmasse 3–4 EL für die Glasur beiseite stellen.

2 Zimt, Mandeln und Quittengelee zu der Eiweißmasse geben und alles zu einem glatten, formbaren Teig vermischen. Den Backofen auf 150° vorheizen.

3 Das Backblech mit Backpapier belegen. Den Mandelteig zwischen Klarsichtfolie 4–5 mm dick ausrollen. Aus dem Teig Sterne von etwa 4 cm Durchmesser ausstechen und auf das Backblech legen. Die Glasur mit einem Pinsel oder spitzen Messer exakt auf den Sternen bis in die Spitzen verteilen.

4 Die Zimtsterne im Ofen (Mitte, Umluft 130°) 15 Min. backen. Herausnehmen, samt Papier vom Blech ziehen und auskühlen lassen.

TIPPS:
Sie können den Teig auch schon am Vortag zubereiten, über Nacht kühl stellen und erst am nächsten Tag weiterverarbeiten.
Ein einfacher Trick, damit die Ausstechform nicht am Teig klebt, ist, sie immer wieder in Zucker zu tauchen.

MANDELSPLITTER

➤ edel & nussig

Zutaten für etwa 30 Stück:

- 100 g Edelbitterschokolade (70 % Kakao)
- 20 g Butter
- 1 Prise Lebkuchengewürz (nach Belieben)
- 2 EL brauner Zucker
- 100 g Mandelstifte

ZUBEREITUNGSZEIT: 25 MIN.
TROCKENZEIT: 2–3 STD.
BEI 30 STÜCK PRO STÜCK ETWA:
189 KJ/45 KCAL

1 Die Schokolade in Stücke brechen. Mit Butter im heißen Wasserbad schmelzen und das Lebkuchengewürz unterrühren. Den Zucker in einer Pfanne schmelzen lassen. Mandelstifte hinzufügen und kurz anrösten. Mandelstifte danach mit der geschmolzenen Schokolade gut vermischen.

2 Ein flaches Gefäß oder Blech mit Backpapier belegen. Von der Schokomasse mit zwei Teelöffeln kleine Häufchen auf das Blech setzen und 2–3 Std. an einem kühlen Ort trocknen lassen.

PUFFREIS-KONFEKT

➤ lecker & locker

Zutaten für etwa 30 Stück:

- 100 g weiße Schokolade
- 20 g Kokosfett
- 1 EL Puderzucker
- 50 g Puffreis (auch Naturreis, Reformhaus)

ZUBEREITUNGSZEIT: 25 MIN.
TROCKENZEITT: 2 STD.
BEI 30 STÜCK PRO STÜCK ETWA:
130 KJ/31 KCAL

1 Die Schokolade in Stücke brechen und mit dem Kokosfett im heißen Wasserbad schmelzen. Puderzucker in einer Pfanne schmelzen lassen und den Puffreis darin kurz anrösten. Dann den Puffreis mit der geschmolzenen Schokolade gut vermischen.

2 Ein flaches Gefäß oder ein Blech mit Backpapier belegen. Von der Schokomasse mit 2 Teelöffeln kleine Häufchen auf das Blech setzen. An einem kühlen Ort 2 Std. trocknen lassen.

TIPP ZU MANDELSPLITTERN: Würzen Sie diese doch mal mit 1 Prise Cayennepfeffer oder Chilipulver.
TIPP ZU PUFFREIS-KONFEKT: Statt weißer Schokolade können Sie auch Vollmilchschokolade nehmen.

Impressum

➤ *Die Temperaturangaben* bei Gasherden variieren von Hersteller zu Hersteller. Welche Stufe Ihres Herdes der jeweils angegebenen Temperatur entspricht, entnehmen Sie bitte der Gebrauchsanweisung. Bei Elektroherden können die Backzeiten je nach Herd variieren.

Programmleitung: Doris Birk
Leitende Redakteurin: Birgit Rademacker
Redaktion: Sigrid Burghard
Lektorat: Linde Wiesner
Umschlag- und Innenlayout: independent Medien-Design
Fotos: FoodPhotography Eising / Martina Görlach
Foodstyling: Michael Koch
Herstellung: Bettina Häfele
Satz: EDV-Fotosatz Huber / Verlagsservice G. Pfeifer, Germering
XML-strukturiert
Reproduktionen: Penta Repro München
Druck und Bindung: Alcione
ISBN: 3-7742-6592-5

Auflage:	4.	3.	2.	1.
Jahr:	2007	2006	2005	2004

GRÄFE UND UNZER

Ein Unternehmen der
GANSKE VERLAGSGRUPPE